LES SOCIALISTES

ET

LE TRAVAIL EN COMMUN

PAR

M. LE MARÉCHAL BUGEAUD D'ISLY.

PRIX : 35 CENTIMES.

PARIS

GERDÈS, ÉDITEUR
10, RUE SAINT-GERMAIN-DES-PRÉS.

GUILLAUMIN, LIBRAIRE
14, RUE RICHELIEU.

1848.

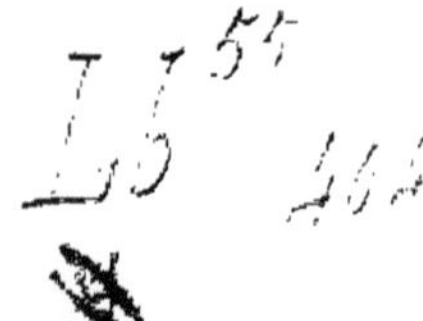

LES SOCIALISTES

ET

LE TRAVAIL EN COMMUN.

IMPRIMERIE DE GERDÈS,

RUE SAINT-GERMAIN-DES-PRÈS, 10.

LES SOCIALISTES

ET

LE TRAVAIL EN COMMUN

PAR

M. LE MARÉCHAL BUGEAUD.

PARIS

GERDÈS, ÉDITEUR
10, RUE SAINT-GERMAIN-DES-PRÉS.

GUILLAUMIN, LIBRAIRE
14, RUE RICHELIEU.

1848

LES SOCIALISTES

ET

LE TRAVAIL EN COMMUN.

Dans ce siècle où tout le monde est animé, je dirais presque tourmenté, par l'idée du progrès, il s'est trouvé de prétendus penseurs qui, sans tenir aucun compte de l'œuvre du temps, de la force des choses, des nécessités sociales, des lois naturelles, des dispositions du corps humain, ont voulu tout organiser ou réorganiser. Ces hommes paraissent croire qu'avant eux tout allait mal dans le monde, et que beaucoup de choses n'allaient pas du tout. De ce qu'il n'y avait ni décrets, ni lois, ni ordonnances pour réglementer le travail, ils ont supposé que le génie du siècle, en eux personnifié, devait apporter là sa règle et son compas.

Il y a bien de l'orgueil à prétendre que tout est à réformer dans un ordre social qui est le résultat du progrès de dix-huit siècles. Ajoutons, pour être juste, que nos philanthropes, vivement touchés des misères trop fréquentes qu'ils apercevaient autour d'eux, en ont cherché le remède, pour la plupart du moins, avec un véritable amour de l'humanité; mais ils ont trop cru que les maux de la société tenaient exclusivement à la constitution politique et industrielle. Ils n'ont pas vu que les principales causes de ces maux étaient dans la nature en général et dans celle de l'homme en particulier. Les réformes sociales ou industrielles ne changeront point ces choses-là; elles ne feront pas, par exemple, qu'il y ait deux végétations chaque année, et qu'avec un léger travail les terres donnent à l'homme en abondance tout ce qui lui est nécessaire. Elles ne feront pas non plus, ces réformes, que tous les hommes naissent avec la même force, la même intelligence, la même activité, la même sagesse. Voilà pourtant ce qu'il faudrait pour réaliser les utopies de nos réformateurs. Que dis-je? ce ne serait pas assez : il faudrait que Dieu fît tomber du ciel tout ce qui est nécessaire à l'homme; car, tant qu'on devra produire ce nécessaire par le travail, il y aura fatalement de grandes inégalités, parce que Dieu a créé les hommes très-inégaux dans leurs aptitudes au travail.

Les rêveurs philanthropes, les démagogues de tous

les temps et de tous les pays, ont semblé croire qu'il y avait quelque part une grosse masse de richesses données par Dieu, et qui pourrait suffire à tout le monde, si quelques aristocrates ne s'en étaient pas emparés avec un égoïsme impitoyable. Cette idée est, à leur insu peut-être, la base de tous leurs systèmes, de toutes leurs déclamations. Que signifierait sans cela cette éternelle assertion : que la révolution de février est sociale et non pas politique? Que signifierait cet autre axiome du catéchisme socialiste, que les richesses *sont mal réparties?* On voit clairement derrière ces propositions l'idée qu'il y a des richesses innées, préexistantes au travail, qui appartiennent à tous, et qui, étant mal réparties, appellent une révolution sociale. S'il est démontré que ces richesseses innées, données par Dieu, n'existent pas; qu'il n'y a d'autres richesses que celles produites par le travail (et la démonstration est des plus faciles), que devient la doctrine de la révolution sociale, d'où l'on veut faire sortir une meilleure répartition des richesses? Cette répartition n'est plus que le vol fait au travail, à l'intelligence, à l'économie; c'est l'œuvre du frelon pillant la ruche de l'abeille industrieuse. Si nous voulions imiter la violence de certains publicistes, ne serions-nous pas autorisé à leur renvoyer la qualification qu'ils ont appliquée au détenteur de la propriété?

On ne saurait trop s'étonner que les yeux ne soient pas frappés de cette vérité écrite, pour ainsi dire, sur toute la surface du sol : qu'il n'y a de richesses que celles qui sont produites par le travail de chaque jour, de chaque année; que les richesses produites, fruit du travail aussi, sont infiniment minimes, en raison des besoins d'une société de trente-six millions d'âmes; que, lors même qu'on les prendrait à ceux qui les possèdent pour les distribuer à ceux qui ne possèdent pas ou presque pas, on n'améliorerait point la situation des derniers; que, loin de là, on les appauvrirait. La terre seule, étant créée par Dieu, pourrait paraître, au premier aperçu, une richesse préexistante au travail et appartenant à tout le monde. L'idée était vraie au moment de la création, à cela près que la terre n'est pas, par elle-même, une richesse dans la véritable acception du mot; ce n'est qu'une vaste arène pour le travail de l'homme civilisé. Dans son état primitif, elle ne pouvait nourrir que quelques hommes sauvages avec les fruits et les racines des forêts. *La valeur qu'elle a aujourd'hui, c'est le travail qui la lui a donnée.* Que de siècles, que de capitaux, que de sueurs il a fallu enfouir dans son sein pour la faire ce que nous la voyons! L'un de nos plus savants agronomes, M. de Dombasle, a proclamé une vérité qui, à elle seule, peut combattre l'odieuse et absurde assertion de quelques-uns de nos réformateurs, à savoir, que la propriété est un vol. « La terre, a-t-il dit à propos de la colonisation de l'Algérie, n'a d'autre valeur que celle qu'on lui donne par les capitaux, bras ou écus, qu'on lui applique avec intelligence. » Cela est reconnu de tous les agronomes quelque peu observateurs. Ils disent : « La terre n'est qu'une matrice, un moule ou un instrument de travail. Si l'on calculait tout ce qu'ont coûté les propriétés rurales pour les mettre en rapport, non pas depuis que l'homme cultive, mais seulement depuis deux siècles, on trouverait une somme fort supérieure à la valeur actuelle des propriétés. » On n'entend parler ici que des travaux extraordinaires, fondamentaux, tels que les défrichements, les dessèchements de marais, l'extraction des rochers, les transports de terre et d'amendements minéraux, les plantations d'arbres et de vignes, les constructions rurales, et enfin les bestiaux et les instruments aratoires. Il faut en excepter les cultures ordinaires annuelles, qui sont remboursées par les récoltes.

Je demanderai aux hommes qui ont l'incroyable audace de proclamer que la propriété est un vol, si le prix de la semaine ou du mois du simple ouvrier n'est pas quelque chose de sacré? Ils me répondront certainement qu'il n'y a rien de plus sacré au monde. Eh bien! le travail des mois, des années, des siècles, qui a constitué la propriété ce qu'elle est, n'est-il pas aussi respectable que le travail d'une semaine ou d'un mois? Cessez donc vos blasphèmes contre la propriété; au lieu de dire que le premier qui a clos un champ et l'a défriché était un fou ou un scélérat, bénissez-le, honorez-le, respectez son œuvre; car, sans cela, l'espèce humaine aurait péri, ou, clairsemée sur le sol, elle serait plongée dans la plus profonde misère.

Je crois avoir déjà démontré qu'il n'y a pas de richesses préexistantes au travail, puisque la terre elle-même n'est devenue une richesse que sous la main active de l'homme. Il est également vrai que la richesse créée n'est rien, que ce qui se crée par le travail de tous les jours, de tous les ans, a seul une grande importance. Les principales richesses d'une nation sont :

1° Les produits de la terre, qui nourrissent l'homme et lui fournissent les matières premières pour se vêtir;

2° Les objets fabriqués, qui l'habillent et lui donnent les commodités de la vie.

Eh bien! y a-t-il des aristocrates qui détiennent dans leurs mains les cent quarante millions d'hectolitres de tous grains, les quarante millions d'hectolitres de vin, la laine, le chanvre, le lin, la viande, l'huile, etc., que la France doit produire et consommer en 1849? Y a-t-il d'autres aristocrates qui détiennent les meubles et les étoffes pour la consommation de la France pendant un an? Non, il faut que tout cela se produise par le travail incessant de tous ou presque tous. Si le travail s'arrêtait seulement pendant quelques mois, la nation mourrait de faim et serait nue, car elle n'a pas dans les richesses produites les avances nécessaires pour suppléer à ce chômage.

Supposons qu'on la dispense de ce travail incessant. Améliorerait-on son sort en lui partageant la richesse déjà créée, c'est-à-dire la terre, les maisons, l'argent, tout ce que possèdent ceux qu'on appelle les riches? Examinons.

Combien sont-ils, ces riches contre lesquels on allume si imprudemment la colère du peuple? Votre ancienne loi électorale peut vous le dire : vous aviez deux cent vingt mille électeurs payant 200 francs d'impôt et au-dessus. La plupart sont pauvres. La propriété, représentée par 200 francs d'impôts, est souvent grevée d'hypothèques pour une grande partie de sa valeur; dans tous les cas, elle alimente une nombreuse famille, et c'est tout au plus si, parmi ces deux cent vingt mille électeurs, on trouverait soixante mille familles pouvant avoir du luxe, du superflu. C'est égal, considérons ces deux cent vingt mille électeurs comme riches, et, au lieu de les spolier graduellement, ainsi que l'entendent certains économistes, par l'impôt ordinaire progressif, par l'impôt extraordinaire, qui n'atteint qu'eux, par les droits de succession progressifs, prenons-leur tout d'un coup la totalité de ce qu'ils possèdent, et distribuons leurs dépouilles aux trente-quatre millions d'individus qui, ne possédant pas ou ne possédant que très-peu, vivent presque entièrement de leur travail journalier. Que sera-ce pour chacun? Une fort chétive somme, qui ne les dispensera pas d'un jour, d'une heure de travail.

Leur situation sera-t-elle améliorée? Je dis qu'elle sera empirée : ces deux cent vingt mille *riches* qu'on aura dépouillés, qu'étaient-ils? Les directeurs, les propagateurs du travail. Les capitaux avec lesquels ils alimentaient l'industrie, étant disséminés dans toutes les poches, n'auront plus la puissance de créer le travail. C'est comme un levier qu'on aurait coupé en plusieurs tronçons, il ne peut plus soulever le fardeau. La société, privée de l'intelligence des directeurs et du grand moteur de l'industrie, le capital concentré, tomberait dans le marasme; elle descendrait à un état pire que celui des Arabes, lesquels du moins ont pour eux l'espace, qui leur permet de nourrir de nombreux troupeaux. Voilà ce que l'on gagnerait à la ruine de cette bourgeoisie contre laquelle on excite les simples travailleurs, au lieu de leur faire comprendre qu'il y a entre eux et la bourgeoisie communauté complète d'intérêts, réciprocité de services; que la bourgeoisie n'est pas une caste privilégiée, que c'est une partie du peuple lui-même, qui s'est élevée par le travail; que les artisans entrent tous les jours dans la bourgeoisie, pendant que des bourgeois, par suite des vicissitudes du commerce et de l'industrie, rentrent aussi tous les jours dans la classe d'où ils étaient sortis. C'est là le mouvement naturel et providentiel de la société, car c'est le désir de s'élever et de rester dans les rangs de la bourgeoisie qui crée l'émulation, la vie sociale.

Si, à Dieu ne plaise, les théories socialistes promenaient sur la nation un niveau qui ne peut être que celui de la misère, croit-on que cette égalité du malheur durerait longtemps? Non; la force des choses concentrerait de nouveau les capitaux dans les mains les plus actives, les plus intelligentes, et, pour le bien de tous, nous aurions encore les chefs du travail. *La masse des hommes a besoin d'être conduite.* Je sais bien que les socialistes me répondront que la diffusion des capitaux dans toutes les poches, loin d'être un obstacle au travail, serait au contraire un bienfait pour l'humanité. Les capitaux se concentreront par l'association des ouvriers, et ceux-ci, au lieu d'être exploités par le possesseur unique du capital, jouiraient de tout le fruit de leur travail. Cette théorie vaut assurément la peine d'être étudiée, car elle serait admirable si elle pouvait être généralement appliquée, si elle produisait les avantages matériels, moraux et politiques, qu'on en attend; mais, avant de la discuter, constatons d'abord qu'on ne pourrait diviser entre tous les capitaux créés sans commettre la plus odieuse des spoliations, puisque tout capital vient du travail. On ne changerait pas la nature de cet acte en l'appelant une *révolution sociale.* — La mesure est-elle juste? dit Aristide à Périclès. — Non, répondit celui-ci; mais elle est utile au salut de la république. — N'importe, elle est mauvaise, puisqu'elle est injuste.

Aurait-on du moins ici l'excuse de l'utilité? Nous allons voir. Distinguons bien, au préalable, le but pécuniaire : en réalité, après la spoliation des riches, il ne s'agit plus que de partager entre les ouvriers le bénéfice qu'est censé faire le chef de fabrique ou d'atelier. Il ne peut y avoir un autre avantage matériel; voyons si cet avantage est assez considérable pour qu'on l'achète par une révolution sociale et industrielle qui peut couvrir la France de misère et de sang.

Y a-t-il toujours bénéfice pour le chef d'atelier et quel est ce bénéfice? Tout le monde sait que souvent on perd au lieu de gagner, et l'on voit tous les jours des fabricants se ruiner. Mais, quand on fait bien ses affaires, que gagne-t-on? Ne sait-on pas que, dans une foule d'entreprises par actions, le dividende des actionnaires est à peine de 3 à 4 pour 100, souvent de moins, et quelquefois de rien du tout. Je connais plusieurs fabricants qui travaillent pour leur propre compte et emploient cinq cents ouvriers; ils s'estiment fort heureux, après avoir prélevé l'intérêt du capital engagé, quand ils ont un bénéfice de 6 ou 8,000 francs comme salaire de leur industrie et de leur intelligence, comme indemnité des risques qu'ils ont fait courir à leur capital, à l'existence de leur famille. Ce bénéfice, fort incertain, que serait-il pour chacun des cinq cents ouvriers? Supposons-le certain et en moyenne de 6,000 francs, ce serait 12 francs pour chacun. Voilà l'énorme exploitation que le chef d'atelier, quand il est heureux, pratique sur chacun des travailleurs; voilà l'immense conquête que les théoriciens socialistes offrent en perspective à l'ambition du peuple, au prix de tous les hasards d'une réforme périlleuse! Douze francs à conquérir en ruinant leurs frères, et peut-être en versant leur sang!

Ne vaudrait-il pas mieux que les ouvriers, au lieu de s'exposer à toutes les chances qui annulent souvent le dividende et le capital, plaçassent à intérêt leur part du capital de la société et reçussent un salaire librement débattu, proportionné à l'état des affaires? Dans la fabrique que j'ai prise pour base de mon argumentation, il doit y avoir un capital d'au moins 200,000 francs, ce qui serait 400 francs pour chacun des associés. Ne serait-il pas plus sage d'accroître ce petit capital d'une manière certaine par l'intérêt composé, par l'économie sur le salaire fixe, jusqu'à ce qu'il fût assez gros pour entreprendre une petite industrie ou acheter une propriété?

Mais, diront les partisans de l'association, les ouvriers étant associés, travailleront avec plus d'ardeur et ils produiront davantage; le capital et les intérêts collectifs seront mieux administrés, parce que les travailleurs choisiront à l'élection les plus capables d'entre eux pour administrateurs. Que d'illusions dans ce peu de lignes! quelle ignorance du cœur humain et des faits signalés chaque jour dans toutes les industries! Il n'y a que les hommes qui ont passé leur vie dans le cabinet qui puissent avoir de pareilles idées. Présentez-les à un bon paysan, à un artisan laborieux, intelligent, et leur bon sens naturel suffira pour les juger. On pourra les faire admettre à des savants sans expérience ; elles trouveront rebelles tous les bons ouvriers.

Je n'examinerai pas la question de l'égalité des salaires dans l'association ; il n'y a rien à en dire. Cette question a été jugée dans nombre d'écrits et par tous les ouvriers intelligents. Mais, si on repousse l'égalité des salaires comme contraire à la justice et au cœur humain, comment l'association réglera-t-elle la graduation des prix du travail en raison de l'activité, de l'intelligence et du savoir-faire? Dans l'ancienne organisation, car il y en avait une, quoi qu'on en dise, chaque ouvrier débattait librement cette question avec un seul intéressé, le chef de fabrique. Ici il faudra délibérer avec tous les associés et se soumettre à la majorité, ou bien la difficulté sera réglée par un conseil d'administration. Dans l'un ou l'autre cas, il y a là des montagnes de mécontentements, de jalousies et discordes. Cela seul suffirait pour dissoudre l'association.

La gestion sera-t-elle du moins économique? Y aura-t-il des produits plus considérables? L'unité de direction, après l'intérêt individuel, est assurément la meilleure garantie d'une bonne gestion ; mais l'esprit démocratique ne permet pas de confier à un seul l'administration des intérêts collectifs. Il y aura donc un conseil d'administration. Supposons-le, et ce n'est guère dans l'ordre des faits probables, composé seulement de trois membres. Croit-on que ces hommes, qui devront être versés dans les opérations commerciales et industrielles, qui devront savoir la comptabilité, ne voudront pas être rétribués en raison de leurs capacités? Leurs salaires formeront probablement une somme plus considérable que celle que prélevait le chef de fabrique, et ils ne risqueront pas, comme lui, de perdre toute leur fortune. En admettant que ces trois hommes aient une grande probité, croit-on qu'ils porteront à l'accroissement ou à la conservation du capital collectif le même zèle, la même activité que le possesseur unique du capital de la fabrique? Ce serait bien peu connaître la nature humaine. Ne sait-on pas que les intérêts de l'État, qui sont ceux de la nation, sont en général moins bien soignés que ceux des particuliers? C'est ce qui fait dire que l'État était le plus mauvais entrepreneur.

Les ouvriers associés travailleront-ils avec plus d'ardeur et d'assiduité? Seront-ils stimulés par le sentiment des intérêts communs et par l'espoir d'un dividende? Tout le monde sait que l'intérêt individuel est beaucoup plus puissant que l'intérêt pour la chose publique; les faits qui le prouvent surabondent. Le mince dividende promis aux membres de l'association, si toutefois il y en a après les divers prélèvements nécessités par l'applicatiom du nouveau système, sera d'autant moins de nature à exciter le zèle, qu'il devra se partager par égales portions. Chacun, dès-lors, s'étudiera à n'en pas faire plus que son voisin; il n'y aura que peu ou point d'émulation, la production ne pourra manquer de diminuer. Le faible dividende de 12 francs dont j'ai parlé plus haut disparaîtra, et avec lui probablement une partie du capital.

Que serait-ce donc si l'association était complète, si on ne fixait pas un salaire, si la part de bénéfice pour chacun était uniforme, si surtout l'État se chargeait de fournir et d'alimenter les capitaux? Il y aurait alors si peu de stimulants pour le travail, qu'il est naturel de croire que les à-compte, ou le minimum que recevraient les ouvriers pour vivre pendant l'année, absorberaient les bénéfices et une partie du capital. Ce serait ainsi une charge énorme pour l'État, qui devrait renouveler tous les six mois peut-être le fonds de roulement.

Ces aperçus rapides se compléteront par des faits mieux que par des arguments.

Le travailleur a une grande répugnance pour l'association; c'est déplorable peut-être, mais c'est un fait qui s'explique aisément. Cela tient principalement à l'inégalité des aptitudes des hommes. On associe facilement les écus, parce que chaque millier de francs à la même valeur productive. Il faudrait qu'il en fût de même des hommes pour que l'association pût s'établir et durer. Dieu ne l'a pas voulu. Aussi les liens du sang, l'amour filial, sont-ils souvent insuffisants pour maintenir l'association du travail dans la famille. Dans les contrées cultivées par des métayers, on voit tous les jours les fils, les gendres se séparer de leurs vieux parents. J'ai souvent recherché la cause de ces séparations, et j'ai pu m'assurer que presque toujours celui qui les provoque, c'est l'homme vigoureux qui ne veut plus s'exténuer et s'imposer des privations pour nourrir des vieillards et des enfants en bas âge. La générosité du cœur humain est rarement assez grande que l'on consacre un travail très-dur à l'alimentation d'autrui; on ne fait cela que pour sa femme et ses enfants.

L'association pour le travail, dans les cas rares où elle s'établit, ne peut durer qu'autant que les ouvriers ont à peu près la même force, la même activité, la même intelligence. On voit toujours les ouvriers se choisir pour entreprendre un travail en commun; encore faut-il, pour que l'harmonie se maintienne, que l'entreprise ne soit pas de longue haleine. Un exemple le prouvera; il m'est personnel, et je dirai en passant que j'ai pratiqué l'association plus, beaucoup plus que nos grands professeurs de socialisme, qui ne la prêchent avec tant d'ardeur que parce qu'ils n'en ont aucune expérience.

Voulant faire un essai de la colonisation militaire,

afin de pouvoir appuyer sur des faits les propositions que j'avais à présenter au gouvernement, je fondai autour d'Alger, en 1842, trois villages avec des soldats. L'un, Fouka, le fut avec des libérés; les deux autres, Méred et Mahelma, avec des hommes qui devaient encore à l'État trois ans de service. Je soumis les colons au travail en commun; cela était d'autant plus praticable, selon moi, que, jouissant des vivres et de la solde, ils devaient attacher moins d'importance au produit de leur peine. Ce produit devait former un fonds commun, destiné, au bout de trois ans, à faire les frais du mariage et à procurer à tous *uniformément* le mobilier de la maison et de l'agriculture.

Dès cette époque, je connaissais les difficultés de l'association des travailleurs : ma pratique agricole me les avait révélées; mais j'espérais que la discipline et les habitudes de la vie militaire, qui constituent une sorte de communauté, effaceraient ou du moins atténueraient les inconvénients. «Vous êtes des camarades et des frères, dis-je aux colons; à ce double titre, vous souffririez si à l'époque favorable pour le mariage quelques-uns d'entre vous n'avaient pas les moyens de s'établir par suite de maladie ou d'autres accidents. » Je remarquai qu'ils reçurent froidement cette proposition, et qu'en réalité ils ne l'acceptaient que par déférence et discipline.

Je fis faire le partage des terres pour exciter l'émulation par l'attrait de la propriété, et chaque colon eut la faculté de travailler un jour par semaine dans son champ. Pendant la première année, il y eut assez de zèle; il ne me parvint qu'un petit nombre de plaintes *contre les paresseux.* Il est vrai que je maintenais l'ardeur et la satisfaction par de fréquents envois de troupeaux prélevés sur les razzias que nous faisions subir aux Arabes. Ces troupeaux formaient la principale masse du fonds commun, et nul n'y avait plus de droits qu'un autre, puisqu'ils n'étaient pas le résultat du travail.

Au retour d'une expédition prolongée, j'allai visiter mes trois petites colonies, en commençant par celle de Méred. C'était à la fin de septembre 1843. Ordinairement j'étais accueilli avec joie par les colons militaires, qui me considéraient comme leur bienfaiteur et m'appelaient leur père. Cette fois, c'était un dimanche, je les trouvai mornes et presque impolis. Ils étaient appuyés contre leur porte, et ne se dérangèrent pas pour venir m'entourer, selon leur coutume. Je compris qu'il y avait quelque chose d'extraordinaire. Je fis appeler l'officier, et, celui-ci étant absent, je m'adressai au sergent-major pour connaître les causes du découragement dont je venais de remarquer les symptômes. « Mes hommes ont bien raison d'être tristes, me répondit le sergent-major, ils perdent la plus grande partie de leur récolte : ils l'attribuent au travail en commun; ils ne veulent plus de ce régime, ils vont vous demander de les désassocier. — Mais comment perdent-ils leur récolte? Ils ont moissonné dans les premiers jours de juin, et nous sommes à la fin de septembre; elle devrait être au grenier depuis longtemps. — Vous avez raison, mon gouverneur, cela devrait être ainsi; mais on ne travaille pas, et nous n'avons pas encore dépiqué le tiers de l'orge ni du froment. Comptant sur la prolongation habituelle du beau temps, nous n'avons pas eu la précaution d'enlever les gerbes des meules perpendiculairement, nous avons pris ce qui formait toit sur toute la surface du carré long; les deux orages qui sont survenus ces jours-ci ont imbibé nos meules, et tous nos grains ont germé. »

Je me transportai aux meules, et je les vis herbacées sur toutes les faces. Je fis aussitôt rassembler les colons; ils formèrent cercle autour de moi, et nous eûmes le dialogue suivant : « Comment se fait-il, mes amis, qu'ayant récolté en juin, vous n'ayez pas encore dépiqué à la fin de septembre? — C'est, me fut-il répondu, c'est que nous ne travaillons pas. — Et pourquoi ne travaillez-vous pas? — Parce que nous comptons les uns sur les autres, que nous ne voulons pas en faire plus l'un que l'autre, et qu'ainsi *nous nous mettons au niveau des paresseux*. Croyez-vous, mon gouverneur, que si nous avions eu chacun notre part de ce blé, il ne serait pas dépiqué depuis longtemps? Nous en aurions déjà fait plus du double. Cela ne peut plus aller ainsi; nous vous prions de nous désassocier. — Oui! oui, » s'écrièrent tous les colons, même les paresseux. Ces mots : *Nous nous mettons au niveau des paresseux*, m'avaient trop frappé pour que je ne fusse pas décidé à renoncer au travail en commun; mais je crus devoir ne pas céder trop vite, et je fis appel aux sentiments de fraternité dont je tenais à bien juger la portée. « Comment! mes amis, répliquai-je, vous êtes tous camarades du même régiment (le 48e); vous vous êtes choisis volontairement; vous êtes tous jeunes et robustes; vous ne formez en quelque sorte qu'une famille de frères, et vous ne savez pas vivre et travailler en commun sans calculer si l'un en fait plus que l'autre? — Mon gouverneur, nous nous aimons beaucoup, et, malgré cela, il n'y a pas d'émulation pour le travail; on ne croit pas travailler pour soi quand on travaille en commun. Ce sera bien pis quand nous serons mariés; nos femmes s'accorderont bien moins que nous pour le travail et pour tout. Ce sera un enfer. Si nous vous prouvions que nous avons plus produit dans le jour par semaine que vous avez accordé à chacun que dans les cinq jours de la communauté, vous ne refuseriez pas de nous désassocier. »

Je procédai immédiatement à la vérification de ce fait. J'appréciai successivement les soixante-sept récoltes individuelles; des officiers écrivaient mes appréciations, et l'addition donna en effet une somme supérieure d'un cinquième à l'ensemble des récoltes de la communauté. Cette opération terminée, je réunis de nouveau les colons. Je leur déclarai que les résultats de cette enquête me décidaient à établir parmi eux le travail individuel; mais je les prévins que, puisqu'ils se croyaient capables de se suffire à eux-mêmes en se séparant, je leur retirerais les vivres et la solde. Ils accueillirent cette déclaration par un consentement unanime.

Méred avait absorbé ma journée. Le lendemain, je visitai Mahelma et Fouka. J'y trouvai les mêmes répugnances pour le travail en commun. On me les exprima dans les mêmes termes, en s'appuyant sur les mêmes motifs. Cependant on ne s'était pas concerté. Ces villages, situés à six lieues l'un de l'autre, n'avaient aucune relation entre eux. Je chargeai un sous-intendant de distribuer le fonds commun et les troupeaux de la manière la plus équitable, et l'association fut rompue. Aussitôt on vit renaître chez le plus grand nombre une grande émulation, et à la fin de 1845 ces trois villages étaient de beaucoup les plus prospères du Sahel. Seulement il y avait de grandes inégalités dans cette prospérité. M. Pétrus Borel, inspecteur de colonisation, signala, dans un rapport, des colons de Méred qui avaient pour 5 ou 6,000 francs de bestiaux en tout genre, tandis que d'autres n'avaient pas même conservé ceux qui leur étaient échus en partage, et n'avaient pas assez de récoltes pour vivre. Cela est dans la nature des choses; l'égalité absolue n'est pas de ce monde, c'est Dieu lui-même qui l'a voulu, puisqu'il crée les hommes si divers en force, en intelligence, en activité, en penchants. Les socialistes, affligés de voir souvent la misère à côté de l'aisance et même de la richesse, poursuivent la chimère de l'égalité parfaite. Ils croient l'avoir saisie dans l'association, ils se trompent; ils n'obtiendront que l'égalité de la misère.

Je pense, avec M. Michel Chevalier, que, pour améliorer le sort des masses, il faut augmenter le capital et les produits, mais surtout ceux de l'agriculture. Or, le capital ne peut s'accroître quand la production diminue, et des faits concluants nous ont prouvé que l'association est moins productive que le travail basé sur l'intérêt individuel.

Je viens de montrer les difficultés, je dirais presque les impossibilités de l'association des ouvriers, du moins sur une grande échelle. On aurait tort d'en conclure que je suis ennemi du principe : non, et j'ai toujours cru que, dans certains cas, les hommes augmenteraient leur bien-être en associant leurs efforts et leurs intérêts; mais, comme je n'ai point le fanatisme d'une théorie, j'ai bientôt reconnu que leurs instincts, leurs sentiments tendent à les séparer. Ce que je n'ai jamais cru, c'est que l'association, comme l'entendent nos socialistes, pût être un système général d'organisation de la société et du travail. Je l'admets comme pouvant s'appliquer et réussir dans des circonstances exceptionnelles, et pour cela je veux qu'elle soit non-seulement autorisée, mais encore encouragée, pourvu que l'encouragement ne soit pas donné par la spoliation de la bourgeoisie ou des chefs du travail. J'ai déjà établi que cela ruinerait les travailleurs au lieu de les enrichir.

Si les socialistes de toutes nuances poursuivent avec ardeur, au péril de la société, l'application de leurs idées, c'est qu'ils n'ont pas su voir ce qu'ils demandent réalisé déjà en grande partie sous la seule forme possible. Est-ce que toutes les classes de la société ne sont pas solidaires dans leurs intérêts? Avec la liberté et l'égalité devant la loi, une classe peut-elle prospérer ou souffrir sans que les autres souffrent ou prospèrent? Tous les intérêts ne sont-ils pas étroitement liés par la force des choses? On ne le voit que trop : lorsque, par suite des perturbations politiques, le crédit, l'industrie, le commerce, sont ébranlés, tout est atteint, jusqu'aux plus modestes ouvriers. Il y a donc une grande association nationale basée sur le libre arbitre. Chacun, en raison des facultés qu'il tient de la nature, agit dans cette grande communauté, et fait lui-même sa part de richesses aussi grosse qu'il le peut. La richesse est indéfinie, illimitée, puisqu'elle dépend des facultés de l'individu. On n'a qu'une manière équitable de la répartir, c'est le travail libre. On peut dire que c'est Dieu lui-même qui fait la répartition, en créant chaque jour les hommes avec des facultés, des passions, des goûts très-divers. Laissez-les donc agir en toute liberté, chacun se classera bien mieux que vous ne sauriez le faire.

Je ne veux pas dire pour cela que la société doive entièrement abandonner les hommes qui, moins bien dotés par la nature, n'ont pu se créer une existence tolérable. Loin de là, je veux qu'on les aide autant qu'on le pourra par des institutions de bienfaisance prévoyante, par une éducation morale plus que par l'instruction. Il est prouvé que ce sont les vices qui appauvrissent, bien plutôt que l'exiguïté des salaires; ceux qui ont de la moralité et de l'économie se tirent toujours d'affaire.

Nos réformistes, qui croient trouver dans la société des classes déshéritées, faute de se rappeler que le travail appartient à tout le monde, sont-ils plus pénétrants, plus justes, quand ils disent qu'il faut mettre le capital entre les mains de tous? Pour ce faire, il n'y a qu'un seul moyen, c'est de prendre les capitaux à ceux qui les ont acquis à la sueur de leur front. C'est la révolution sociale, c'est la ruine générale et la guerre civile, c'est aussi la preuve du plus triste aveuglement. Quoi! vous ne voyez pas que les capitaux sont en fait au service de tout le monde? Le simple ouvrier d'une fabrique ne participe-t-il pas aux avantages du capital qui la fait marcher? Et si ce capital se perd, les ouvriers ne souffrent-ils pas à l'instant? N'en est-il pas de même du capital rural? N'y a-t-il que ceux qui possèdent la terre qui en jouissent, et n'y a-t-il pas vingt-quatre millions de bras qui en vivent, si tous n'en possèdent pas?

On croit encore innover en nous prêchant l'association du capital, du travail et de l'intelligence; mais cette association est partout : bien aveugles sont ceux qui ne la voient pas! Comment les esprits distingués qui propagent cette théorie n'ont-ils pas remarqué un fait immense, un fait qui occupe toute la surface du pays, depuis la Loire jusqu'aux Pyrénées? C'est la culture par métayers. Le propriétaire fournit le capital de la terre transformée par les travaux des siècles; il fournit encore les bâtiments d'exploitation, le logement de la famille, les outils aratoires, les semences, et enfin le capital des bestiaux. Le métayer n'apporte absolument que ses bras et quelques petits outils à la main. Si le propriétaire entend l'agriculture, il fournit aussi son intelligence. N'est-ce pas là l'association complète, telle que la demande *la Démocratie pacifique?*

Dans cette communauté, qui date de bien des siècles, le travailleur serait-il *exploité,* comme on dit, et son travail ne serait-il pas rétribué conformément au produit? Il est aisé de prouver que les plus grands avantages sont de son côté. Il est fort rare que le propriétaire recueille plus de 3 à 4 pour 100 de la valeur de tous les objets qu'il met à la disposition du métayer.

Celui-ci, outre la moitié des principaux produits, prélève pour son usage une foule de petites denrées, telles que les légumes et les fruits; il prend encore sur la propriété son chauffage et tout le bois nécessaire à l'entretien des instruments aratoires. Les réparations, la reconstruction des bâtiments, quand ils périssent par vétusté ou autrement, sont à la charge du propriétaire. En réalité, dans une période de dix ans, celui-ci n'a pas reçu le tiers du produit de son immeuble. Je ne crois pas qn'il y ait là un privilége aristocratique.

Le capital s'est donc concentré providentiellement, au profit de tous, dans un certain nombre de mains, afin qu'il eût la puissance de créer le travail. Le disséminer par la spoliation serait un crime et une absurdité économique. Tout ce que demandent les socialistes existe d'ailleurs en fait, nous le répétons, depuis qu'il y a une société; ils n'ont pas su le voir, et ils veulent aujourd'hui fonder, par la spoliation et la guerre de classe à classe, ce qui a été fondé par la justice et la force des choses. Ils n'y parviendront pas. Ils peuvent pousser le peuple à s'entr'égorger; mais leurs systèmes ne s'établiront jamais, parce qu'ils sont contre la nature des hommes et des choses. Après bien des orages, la société rentrera dans la voie qui lui a été tracée par les siècles.

Il me reste à dire un mot des communistes : ils veulent nous conduire tout d'un coup au but où les socialistes, qui se croient plus modérés, nous amèneraient graduellement. C'est le délire absolu de l'esprit et du cœur, c'est le chaos, c'est la mort. L'intelligence humaine peut-elle concevoir l'administration en commun de tout ce qui constitue la richesse d'une nation civilisée? Si l'on veut faire de l'égalité, de la justice dans l'injustice, il ne faudrait pas seulement s'emparer, pour la communauté, de la terre et des maisons, il faudrait aussi réunir à la masse toute la fortune produite par les arts, les sciences, le commerce, l'industrie, la littérature, les fonctions publiques, les métiers, tout enfin. Qui donc administrera cette incommensurable communauté? Qui répartira les produits? Je ne vois que Dieu qui en ait la puissance. En vérité, on est aussi honteux qu'affligé d'être obligé de discuter de pareilles monstruosités; mais comment s'y soustraire, puisque le communisme, sous une forme ou sous une autre, s'infiltre dans les plus hautes régions et menace d'entrer dans la législation?

Toutefois je ne le suivrai pas dans toutes ses impossibilités; je me bornerai à l'envisager dans son influence sur la production agricole. Cela suffira, puisque la prospérité agricole est l'existence nationale elle-même.

Ce qu'il faut reprocher aux communistes, ce n'est pas le défaut de logique. Pour introduire une ombre de justice dans la communauté, il fallait tout placer entre les mains du gouvernement, afin qu'il y eût une direction pour le travail et pour la répartition des produits. Si la communauté eût été établie séparément pour chacune de nos communes actuelles, on n'aurait point obtenu cette égalité que l'on poursuit contre l'œuvre de Dieu lui-même, car il y a des communes riches par le sol et d'autres très-pauvres. Voilà donc le gouvernement chargé de diriger l'agriculture de 52 millions d'hectares et d'en répartir les produits, de manière à ce que tout le monde soit largement pourvu; car ce n'est pas la misère ou la médiocrité actuelle que veulent ces hommes passionnés pour le bonheur du peuple. Il est inutile de faire remarquer qu'il faudrait, pour remplir cette partie de l'incommensurable tâche, une énorme armée de directeurs, de maîtres, de contremaîtres, de surveillants, de comptables, de garde-magasins, etc., etc.; mais le plus difficile, c'est de produire. Qui travaillera pour cette communauté universelle? On ne se livre avec ardeur aux durs travaux de la terre que lorsqu'on est stimulé par l'intérêt personnel, par l'amour de la famille, par le besoin de nourrir sa femme et ses enfants. On ne travaille pas, ou presque pas, pour une communauté universelle et sans l'espoir de recueillir directement les produits de ses sueurs; chacun s'en rapporte à tous pour assurer la production nécessaire à tous. On pourra bien faire faire par ordre, par corvées, quelques travaux de labour et d'ensemencements; mais ne sait-on pas comme on travaille pour le public? L'application de la loi sur les chemins vicinaux est là pour l'apprendre. Voyez ce pauvre maire; zélé par exception, il convoque cent prestataires à cinq heures du matin pour réparer un chemin impraticable; il en vient dix à huit heures, ils travaillent nonchalamment jusqu'à neuf heures. Vient alors le déjeuner, qui prend deux heures, et ce n'est que sur les instances réitérées du malheureux maire qu'on reprend la pioche pour la laisser tomber avec mollesse sur la terre jusqu'à l'heure d'une nouvelle collation. L'atelier, si cela mérite ce nom, est déserté avant le coucher du soleil; voilà ce qu'est le travail public. Et vous espérez qu'avec un pareil travail la nation sera nourrie plus abondamment qu'elle ne l'est? Sachez que, pour la faire vivre médiocrement, il y a 24 millions d'individus qui, poussés par la nécessité et l'amour de la famille, travaillent très-durement tous les jours de la vie depuis l'aube jusqu'après le coucher du soleil.

Avec le travail en commun, les récoltes annuelles ne donneraient pas la moitié des produits qu'exige la subsistance de la France. Qui saura mettre à profit, pour les petits soins de détail, les variations du temps, si fréquentes parfois dans un seul jour, quand il faudra attendre un ordre et la réunion de tous les ouvriers communistes de la circonscription, l'un ne voulant pas travailler sans l'autre? Ce sont cependant ces petits soins donnés chaque jour, en raison des variations de l'atmosphère, qui font le résultat au bout de l'année. Que de temps perdu avec le travail disciplinaire, que, sous le régime du communisme, il faudrait nécessairement établir ! Souvent, par les temps pluvieux, il fait deux heures de soleil, pendant lesquelles on peut soustraire une partie de récolte à l'intempérie; la famille qui travaille librement et pour elle ne laisse pas échapper ces bonnes fortunes. Dans le travail en commun, elle attendra des ordres, des dispositions générales, qui viendront trop tard, et les biens de la terre seront emportés ou avariés par l'orage. Les dimanches, les jours de fête, la famille libre, propriétaire, fermière ou métayère, se livre à divers petits soins avant et après la messe; elle enlève même du foin ou des gerbes : si le temps est menaçant, le curé le permet; sous le régime en commun, on entendra avec indifférence ou apathie la nue gronder en approchant.

Mais ce qu'il faudrait plaindre presque autant que les hommes, ce sont les animaux. Comme ils seraient soignés, appartenant à tous et à personne! Ils boiraient quand ils auraient faim et mangeraient quand ils auraient soif; souvent ils iraient au travail sans avoir ni bu ni mangé, ce qui n'empêcherait pas de les mener très-durement. Beaucoup mourraient, tous seraient étiques, et le peuple, qui mange déjà trop peu de viande, n'en mangerait plus du tout. Les charrettes, les outils aratoires, les harnais, seraient encore moins soignés que les animaux, et ce serait là une grande cause de ruine pour la communauté. On ne soigne bien toutes ces choses que quand on en est propriétaire. Les fermiers, les grands propriétaires qui font exploiter à leur compte, pourraient en apprendre long sur ces points à messieurs les professeurs du communisme. Si ces agronomes n'exercent pas une surveillance très-active, ils sont ruinés par la négligence des valets et des journaliers.

L'agriculture nationale et *paternelle* ne consiste pas seulement dans les travaux nécessités par les récoltes annuelles. Ce n'est pas pour rien que, dans les contrats de ferme, après avoir imposé au preneur la plantation de tant de pieds d'arbres, de tant d'arpents de vignes, de tant d'arpents à marner chaque année, on ajoute : « enfin, il cultivera de tout point en bon père de famille. » C'est que les travaux de l'avenir jouent, dans l'agriculture, un très-grand rôle, que dis-je? un rôle capital; sans ces travaux, le sol, dénudé bientôt, perdrait presque toute sa valeur. Sous le régime de la communauté, on ne pourra même pas faire les travaux ordinaires pour arracher à la terre la subsistance de l'année; comment ferait-on les travaux dont on ne doit recueillir les fruits que dans quinze ou vingt ans? On coupera des arbres, on en coupera beaucoup, mais qui en plantera? Qui desséchera des marais? qui sèmera des forêts? qui extraira les rochers des coteaux pour en faire des murs de soutènement, derrière lesquels on mettra les terres qui auront été trouvées dans les interstices de la roche? qui plantera des vignes de manière à les faire durer un siècle? qui rapportera sur le sommet du coteau les terres que les orages auront précipitées dans le vallon? qui dirigera les eaux d'orage pour qu'elles ne ravinent pas? qui endiguera les rivières et les ruisseaux pour qu'ils n'emportent pas les terres des plaines, ou qu'ils n'en fassent pas des marais?

On ne fait toutes ces grandes opérations de l'agriculture que lorsqu'on est assuré d'en laisser le produit à ses enfants, et, si on ne les faisait pas, que deviendrait le sol? Avant vingt ans, il serait dépouillé d'arbres et de vignes; les coteaux seraient décharnés, les vallons seraient encombrés de cailloux, certaines plaines redeviendraient marais; la population, misérable, diminuerait dans une proportion effrayante; la nation périrait dans le chaos. Voyez, pour preuve, les biens communaux, ceux des hospices, des établissements publics, et même les biens en usufruit, quoiqu'ils soient surveillés par la loi.

N'allons pas plus loin, c'en est déjà trop. Le communisme pourra bien faire verser des torrents de sang, mais il ne s'établira jamais. Dès les premières tentatives d'application, le prolétaire lui-même y renoncerait, et peut-être, dans sa juste colère, punirait-il sévèrement les hommes qui lui auraient prêché cette infernale doctrine.

L'opinion que je viens d'exprimer sur les socialistes provoquera peut-être, de leur part, des observations plus ou moins vives; je les avertis que je ne leur répondrai pas. Outre que j'ai peu de goût pour la polémique, je suis très-mal placé pour en faire. Habitant les champs à cent vingt lieues de Paris, je lis très-peu de feuilles périodiques; j'ignorerai, la plupart du temps, les critiques qu'on pourra diriger contre cet examen rapide des cruelles doctrines qui ont couvert de deuil Paris et la France. Qu'on ne prenne donc pas mon silence pour un acquiescement.

www.ingramcontent.com/pod-product-compliance
Ingram Content Group UK Ltd.
Pitfield, Milton Keynes, MK11 3LW, UK
UKHW020358250726
13967UKWH00005B/2358